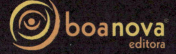

TRANSIÇÃO FÁCIL

Luis Hu Rivas

3ª edição
3.000 exemplares
Do 7º ao 10º milheiro
Setembro/2024

© 2019 - 2024 by Boa Nova Editora

Capa
Luis Hu Rivas

Diagramação
Luis Hu Rivas

Revisão
Alessandra Miranda de Sá

Assistente editorial
Ana Maria Rael Gambarini

Coordenação Editorial
Ronaldo A. Sperdutti

Impressão
Gráfica Santa Marta

Todos os direitos reservados. Nenhuma parte desta
obra pode ser reproduzida ou transmitida por
qualquer forma e/ou quaisquer meios (eletrônico
ou mecânico, incluindo fotocópia e gravação) ou
arquivada em qualquer sistema ou banco de dados
sem permissão escrita da Editora.

O produto da venda desta obra é destinado
à manutenção das atividades assistenciais da
Sociedade Espírita Boa Nova, de Catanduva, SP.

1ª edição: Abril de 2019 - 5.000 exemplares

Dados Internacionais de Catalogação na Publicação (CIP)
(Câmara Brasileira do Livro, SP, Brasil)

Rivas, Luis Hu
    Transição fácil / Luis Hu Rivas. -- Catanduva,
SP : Instituto Beneficente Boa Nova, 2019.

    ISBN 978-85-8353-124-1

    1. Apocalipse 2. Crises 3. Espiritismo 4. Evolução
espiritual 5. Previsão do futuro 6. Terra (Planeta) -
Regeneração I. Título.

19-24670   CDD-133.901

Índices para catálogo sistemático:

1. Grande transição : Previsões mediúnicas :
    Espiritismo   133.901

Cibele Maria Dias - Bibliotecária - CRB-8/9427

Sumário

A Terra	4
Mundos Habitados	6
Grandes ciclos	8
Pequenos ciclos	10
As transições	12
Exilados de Capela	14
Ciclo Ariano	16
Fim do ciclo	18
As Revelações	20
Apocalipse	22
Emmanuel	24
As visões de João	26
O dragão e a Besta	28
Domínio da luz	30
Domínio das trevas	32
O último dia	34
Fim da transição	36
A Nova Era	38
A nova humanidade	40
Regeneração	42

A Terra

Tudo no Universo obedece a uma ordem divina, e essa ordem harmônica nos mundos foi chamada na Antiguidade de cosmos. É como se o cosmos fosse um gigantesco relógio que obedecesse a ciclos e tempos, gerados por uma inteligência superior. Os mundos – inclusive o nosso: a Terra – são coordenados por Espíritos Puros que seguem essa ordem.

Jesus e os Espíritos Puros
Coordenam o planeta Terra desde a sua formação, quando ainda estava na fase de Mundo Transitório; agora, que é um mundo habitado; e até o fim da vida física, quando retorne à fase de Mundo Transitório e posterior desintegração.

As três reuniões de Espíritos Puros:

2 Segunda reunião
Foi realizada para decidir a vinda de Jesus à Terra, com o objetivo de ensinar à humanidade a lição do seu Evangelho de amor sem limites.

1 Primeira reunião
Aconteceu quando o planeta Terra desprendia-se da nebulosa do Sol, para planificar o início da formação da vida material.

Primeiros mamíferos

Surgimento dos dinossauros

Surgimento da vida física

Surgimento de mares e continentes

3,5 bilhões de anos atrás

Mundos Transitórios

Vida na Terra só na esfera espiritual

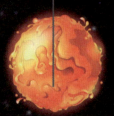

Formação da Terra da nebulosa solar

4,54 bilhões de anos atrás

Mundos Habitados

Lugar onde, por um breve período, os Espíritos podem reencarnar em corpos físicos. Esse período está dividido em Mundos Primitivos, Mundos de Expiação e de Provas, Mundos de Regeneração, Mundos Felizes e Mundos Celestes ou Divinos.

A caminho da luz

Nesse livro psicografado por Chico Xavier, o Espírito Emmanuel informa que a Terra tem em sua planificação três grandes reuniões de Espíritos Puros para decidir os caminhos da sua evolução.

FRANCISCO CÂNDIDO XAVIER

A caminho da luz

pelo Espírito Emmanuel

3

Terceira reunião

Os Espíritos informam que existirá uma terceira reunião de Espíritos Puros, que decidirá os novos caminhos do planeta, ingressando-se assim em uma nova era de regeneração espiritual.

A Terra seria uma espécie de escola?

Sim, uma escola em que os Espíritos aprendem lições de amor. O objetivo dos Espíritos é atingir sua iluminação.

Os planetas lhes servem de morada temporal para ir aprendendo a amar e tornar-se puros. Os Espíritos do nível de Cristo coordenam a vinda e o exílio dos Espíritos em todos os planetas, para ajudá-los em seu progresso. Assim, um dia, as humanidades se conectarão com as forças da luz e se reconhecerão como reais cidadãs do Universo.

Primeiros hominídeos

7 milhões de anos atrás

Tempos atuais

Civilizações do futuro

Mundos Habitados

Momento atual

Mundos Transitórios

1,2 bilhão

5 bilhões aproximadamente

Fim da vida física no planeta

Fim do orbe

Mundos Habitados

Todos os Mundos Habitados passam por diversas etapas. Os Espíritos nos informam que o nosso planeta também deve passar por esses níveis, de um estado primitivo até um mundo celeste ou divino.

Allan Kardec afirma que, embora não se possa fazer, dos diferentes mundos, uma classificação absoluta, pode-se dividi-los, de modo geral, em cinco níveis, como:

Mundos Primitivos — 1

Transição planetária — 2 — **Mundos de Expiação e de Provas**

Mundos de Regeneração — 3

Mundo Transitório
Toda passagem de um mundo a outro nível é chamada transição planetária.

A Terra pertence à categoria dos Mundos de Expiação e de Provas, mas está em um momento de transição, passando para um Mundo de Regeneração.

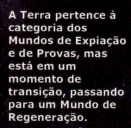

Nome: Mundos Habitados.
Conceito: Mundos onde os Espíritos conseguem reencarnar.
Mundos: 5 categorias conforme a sua evolução:
1. Mundos Primitivos.
2. Mundos de Expiação e de Provas.
3. Mundos de Regeneração.
4. Mundos Felizes.
5. Mundos Celestes ou Divinos.

0%

25%

50%

1. Mundos Primitivos
Destinados às primeiras encarnações da alma humana. Predomina a ignorância do bem: o mal.

2. Mundos de Expiação e de Provas
Guerras, lutas e crimes predominam. O mal ainda está acima do bem.

3. Mundos de Regeneração
Os Espíritos que ainda têm de expiar ganham novas forças para se melhorar. O bem e o mal estão em nível similar.

O que acontecia na Terra enquanto ela não era habitada?

Era um Mundo Transitório. A vida real é a vida no mundo espiritual; sendo assim, em todos os mundos existe vida habitada por Espíritos. Quando surgem humanidades físicas onde é possível encarnar, esses mundos são chamados Mundos Habitados.

A Terra já foi um mundo transitório?

Sim, desde sua formação, planejada pelos Espíritos Puros (aproximadamente há 4,6 bilhões de anos), até o surgimento dos Mundos Habitados por humanidades físicas. Na Terra, aconteceu com a encarnação de Espíritos como primeiros hominídeos nos chamados mundos primitivos. Após o fim da vida física de humanos, a Terra voltará ao estado de Mundo Transitório. Na maior parte de sua existência, os planetas ficam na categoria de Mundos Transitórios, com vida apenas em nível espiritual. Curto é o período com vida inteligente e possibilidades para encarnar.

A Terra vai se tornar um mundo melhor, e os homens serão felizes porque nela reinará a lei de Deus.

Mundo Transitório

Mundos Celestes ou Divinos

4

Mundos Felizes

5

O Espírito, em sua última encarnação, torna-se um Espírito Puro.

Jesus falou de vida em outros planetas?

Sim. Ele disse no Evangelho: "Há muitas moradas na casa de meu Pai. Se assim não fosse, eu já vo-lo teria dito, pois me vou para vos preparar o lugar".

75%

100%

4. Mundos Felizes
Os Espíritos estão mais livres dos instintos, e seus corações, mais elevados.
O bem supera o mal.

5. Mundos Celestes ou Divinos
Morada dos Espíritos depurados, onde reina exclusivamente o bem.

7

Grandes ciclos

O Espírito Emmanuel, através da mediunidade de Chico Xavier, revela-nos que a constituição física da Terra passa por grandes ciclos de 520 mil anos. Cada ciclo tem um período de 260 mil anos de repouso da matéria planetária e 260 mil anos de atividade. Assim como o dia e a noite, as estações de calor e frio, tudo obedece a ciclos com períodos; a Terra passa por esses ciclos, coordenada pelos Espíritos Puros, os guias do planeta.

Os períodos de repouso e atividade representam o alicerce do planeta Terra.

Período de atividade
A vida se reorganiza. Os guias utilizam esse período para a germinação da vida em todas as espécies, entre elas, a humana. Assim como as abelhas se agrupam aos milhares, deixando a colmeia para criar uma nova colônia, todos os seres vivos ganham de novo um caminho para sua evolução.

Homo habilis
Utilizava ferramentas de pedra lascada. Com esse uso, surgiu a Pré-história, há 2,5 milhões de anos.

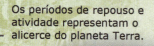

260 mil anos — Atividade
260 mil anos — Repouso

Início da Pré-História

Há 2 milhões de anos

Há 1,7 milhão de anos

Há 1,2 milhão de anos

Uso do fogo

Há 700 mil anos

Há 1 milhão de anos

Homo erectus

Nome:
Os grandes ciclos planetários.
Conceito:
Tempos de 520 mil anos que servem de base na planificação dos Espíritos Puros para delinear a vida na Terra.
Períodos:
1. Atividade (260 mil anos).
2. Repouso (260 mil anos).

Na atualidade, a Terra encontra-se em um período de atividade. Assim como em uma escola, esses períodos representariam o período de aulas e o período de férias. Por ser a Terra uma escola de Espíritos, esses períodos atenderiam a processos similares.

Homo erectus
Semelhante aos seres humanos modernos, mas tinha um cérebro com aproximadamente 74% do tamanho do do homem moderno. Viveu entre 1,8 milhão de anos e 300 mil anos atrás.

Os primatas
Os hominídeos formam a família taxonômica dos grandes primatas, incluindo os quatro gêneros existentes:
• Chimpanzés (*Pan*).
• Gorilas (*Gorilla*).
• Humanos (*Homo*).
• Orangotangos (*Pongo*).

Primata antepassado comum
O mais recente de todos os *Hominidae*, o *Nyanzapithecus alesi* viveu há 14 milhões de anos.

O primeiro humano
O *Sahelanthropus tchadensis* é um hominídeo de mais ou menos 7 milhões de anos. É considerado o primeiro membro da família humana.

Os Espíritos
São os princípios inteligentes do Universo. Reencarnam em corpos conforme seu grau de adiantamento.

Primeiro humano

Bípedes

Homo Sapiens

Homem de Neandertal

Era do Gelo (a última)

Há 200 mil anos aproximadamente, a Terra deu início ao seu atual período de atividade, restando 56 mil anos até chegar a um novo período de repouso.

56 mil anos

Há 450 mil anos

Há 200 mil anos aproximadamente

Homem de Neandertal
Espécie humana extinta. Conviveu com o *Homo sapiens*. Surgiu há cerca de 400 mil anos e extinguiu-se há 28 mil anos. Compartilha com os humanos atuais 99,7% de seu DNA.

Homo sapiens
Surgiu há 200 mil anos, aproximadamente, com corpo anatomicamente moderno.

Quando surgimos?

Humano (taxonomicamente *Homo sapiens*), termo que deriva do latim "homem sábio", é a única espécie animal ainda viva de primata bípede do gênero *Homo*. A espécie surgiu há cerca de 200 mil anos na região leste da África e adquiriu o comportamento moderno há aproximadamente 50 mil anos.

Classificação científica atual

Domínio:	*Eukaryota*
Reino:	*Animalia*
Sub-reino:	*Eumetazoa*
Filo:	*Chordata*
Subfilo:	*Vertebrata*
Classe:	*Mammalia*
Subclasse:	*Theria*
Infraclasse:	*Eutheria*
Ordem:	*Primates*
Subordem:	*Haplorrhini*
Infraordem:	*Simiiformes*
Superfamília:	*Hominoidea*
Família:	*Hominidae*
Subfamília:	*Homininae*
Tribo:	*Hominini*
Subtribo:	*Hominina*
Gênero:	*Homo*
Espécie:	*H. sapiens*
Subespécie:	*H. s. sapiens*

Emmanuel

As revelações do instrutor espiritual do médium Francisco Cândido Xavier fazem parte da entrevista publicada pela Revista *Boa Vontade*, número 4, de outubro de 1956.

Pequenos ciclos

O planeta Terra encontra-se em um período de atividade. Esse período tem uma primeira etapa de 64 mil anos e 7 etapas de 28 mil anos. Jesus e os Espíritos Puros utilizaram os primeiros 64 mil anos para criar as bases da vida nas futuras raças humanas. Logo, o planeta esteve em condições de iniciar os outros 7 períodos do desenvolvimento das 7 raças para os seguintes 196 mil anos.

Transições planetárias
Etapa intermediária entre dois ciclos menores. Acontecem ajustes nas humanidades para obter corpos adequados para seus novos ciclos.

28 mil anos

28 mil ar

Início
100 mil

1

64 mil anos

2
Os registros das duas primeiras raças perderam-se nos tempos primitivos.

Pródromos
Momentos de preparação dos Espíritos Puros para o desenvolvimento das novas raças.

Perispírito
A cada transição planetária, os Espíritos Puros modificam os corpos espirituais, aprimorando as condições para a encarnação das novas humanidades.

Mundos

Há 200 mil anos aproximadamente

Há 450 mil anos

Homo sapiens
Surgem os humanos anatomicamente modernos no início do período de atividade.

260 mil anos
Repouso

Aparição do Homem de Neandertal
Há 450 mil anos, no início do período de repouso.

Platão (428 a.C.-348 a.C.)
Em seus escritos *Timeu ou a Natureza* e *Crítias ou a Atlântida*, narra a existência da Atlântida, o continente perdido.

Atlântida
As ilhas do continente ficariam localizadas na região do oceano Atlântico, entre o Caribe e o litoral da América do Norte, até as costas da África.

Nome: Pequenos ciclos planetários.
Conceito: 7 tempos de 28 mil anos, com suas respectivas raças.
Transições planetárias: Momento intermediário entre duas etapas.

Atlântida

10

Homem moderno
Há 50 mil anos, aproximadamente, apareceu o homem com as características do homem atual.

Fim do Homem de Neandertal
Extinguiu-se há 28 mil anos, na data que coincide com a chegada dos Espíritos exilados de Capela.

196 mil anos (7 pequenos ciclos)
28 mil anos

Era do Gelo (última)
28 mil anos

3 A raça lemuriana
Certo grau adiantado de inteligência e com os primeiros valores espirituais.

4 A raça atlante
Surgiu com nível superior de intelecto.
Fim há 12 mil anos

5 A raça ariana
Raça atual com a influência dos Espíritos exilados de Capela (raça adâmica).

6 Momento da atual transição planetária

Mundo de Expiação e de Provas

Mundo de Regeneração

Raças Futuras

7

Mundo Feliz

Primitivos
260 mil anos
Atividade
Repouso

Faltam 56 mil anos até que se entre no período de repouso.

Ilha Sentinela do Norte
Os habitantes dessa ilha inóspita ficaram sem contato com a civilização por 60 mil anos. Eles mantêm hábitos muito antigos, como a prática do canibalismo e a caça primitiva. Por estar na região do Índico, podem ter tido alguma proximidade ou vínculo com os antigos lemurianos.

Lemúria
Segundo Emmanuel, o continente foi arrasado pelas águas dos oceanos Pacífico e Índico. Ainda existem algumas porções de terras remanescentes na Austrália.

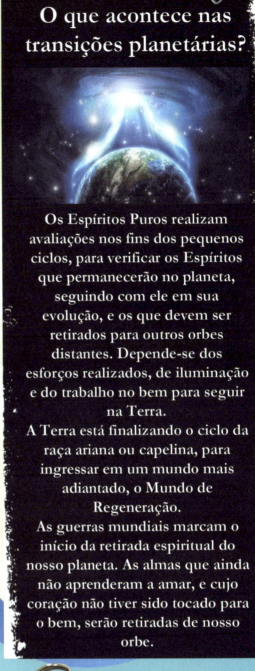

O que acontece nas transições planetárias?

Os Espíritos Puros realizam avaliações nos fins dos pequenos ciclos, para verificar os Espíritos que permanecerão no planeta, seguindo com ele em sua evolução, e os que devem ser retirados para outros orbes distantes. Depende-se dos esforços realizados, de iluminação e do trabalho no bem para seguir na Terra.

A Terra está finalizando o ciclo da raça ariana ou capelina, para ingressar em um mundo mais adiantado, o Mundo de Regeneração.

As guerras mundiais marcam o início da retirada espiritual do nosso planeta. As almas que ainda não aprenderam a amar, e cujo coração não tiver sido tocado para o bem, serão retiradas de nosso orbe.

As raças do futuro (Homo virtualis?)

Ainda não conhecemos detalhes das novas raças. Correspondendo uma ao Mundo de Regeneração, e a outra, aos Mundos Felizes, devemos imaginar o nível espiritual e intelecto-moral mais desenvolvido.

11

As transições

Os planetas são grandes escolas, e, sob o comando dos Espíritos Puros, a cada certo período, os Espíritos ascendem de um nível para outro. Na Terra, a cada 28 mil anos, entramos nesse momento de transição. Os mais de 20 bilhões de almas conscientes do planeta estão saindo de um Mundo de Expiação e de Provas rumo a um Mundo de Regeneração.

Capela
Alpha Aurigae, também denominada Capela, ou 13 Aurigae, é a estrela mais brilhante da constelação de Auriga e a sexta mais brilhante do céu. Seu nome advém do latim *capella* que significa "cabra". Capela é uma gigante estrela amarela com dimensões maiores que o Sol.

O sistema de Capela é binário, com duas estrelas principais, e ela se encontra a 44 anos-luz do Sol.

Planeta do sistema de Capela
Milhares de Espíritos desse mundo foram exilados para a Terra.

Chegada dos Espíritos exilados de Capela à Terra.

Anterior transição planetária

28 mil anos

Planeta Terra
Recebe e envia Espíritos para outros mundos. Atualmente atravessa uma nova transição.

28 mil anos 28 mil anos

Mundos Primitivos   **Mundos Primitivos**

Anterior transição planetária   Anterior transição planetária

Fim do Homem de Neandertal
Os Espíritos Puros manipularam o perispírito da humanidade na Terra, deixando apenas a espécie *Homo sapiens* como única para a encarnação de Espíritos em corpos humanos.

Nome:
As transições planetárias.
Conceito:
A cada certo tempo, o planeta Terra dá um passo em sua evolução.
Tempo:
28 mil anos.
População:
Segundo o Espírito Emmanuel, no livro *Roteiro*, existem aproximadamente 25 bilhões de Espíritos na Terra, entre encarnados e desencarnados.

Mundo Primitivo em transição para Mundo de Expiação e de Provas
Este mundo está recebendo Espíritos exilados da Terra.

Habitantes
Devem manter uma vibração intelecto-moral semelhante à dos habitantes da Terra da Era Paleolítica, há 28 mil anos.

Exílios
Em Capela, há 28 mil anos, os Espíritos que não atingiram o novo nível de vibração do orbe foram retirados para mundos compatíveis com seu progresso intelecto-moral.

Planejamento
Esses intercâmbios dos mundos mostra-nos a incrível ordem e harmonia que existem no cosmos, e como tudo obedece ao planejamento dos Espíritos Crísticos, diretores do Universo.

28 mil anos
Próxima transição planetária
Mundo Feliz
28 mil anos
Atual transição planetária
Mundo de Regeneração
Momento atual

Mundo de Expiação e de Provas
Atual exílio de Espíritos da Terra para outro mundo.

As Plêiades
Conhecidas pelos gregos, são constituídas por sete estrelas, que fazem parte da Constelação de Touro. Alcione está distante 368 anos-luz em relação à Terra.

Alcione
O médium Divaldo Franco relata que milhares de Espíritos provenientes de Alcione, uma estrela de terceira grandeza pertencente à Constelação das Plêiades, já estão reencarnando na Terra.
Esses Espíritos apresentam um nível intelecto-moral avançado.

A Terra já recebeu Espíritos de outros planetas?

Sim. Esses Espíritos foram conhecidos como os exilados de Capela. Na Terra dividiram-se em quatro grupos: egípcios, indo-europeus, os brâmanes da Índia e o povo de Israel. Assim como há 28 mil anos, a Terra atualmente está recebendo Espíritos vindos de um orbe das Plêiades, da estrela de Alcione, para se transformar num Mundo de Regeneração.

Transição Planetária

Livro do Espírito Manoel Philomeno Miranda, psicografado pelo médium Divaldo Pereira Franco, que descreve o momento grave que nosso planeta atravessa, a caminho de sua elevação espiritual.

13

Exilados de Capela

Há 28 mil anos, Jesus recebeu na Terra Espíritos retirados de um planeta da órbita da estrela Capela. Esses Espíritos, que criaram desarmonias e guerras, foram exilados por não se fazerem merecedores de permanecer em seu mundo, que entrava na fase de regeneração.

Os sumérios
6500 a.C.–1940 a.C.
Os povos da Mesopotâmia fundaram as primeiras cidades, organizaram a sociedade e inventaram a escrita. A primeira civilização do planeta surgiu próximo à região do Pamir, onde os capelinos se estabeleceram em 10000 a.C.

Jesus
Sob o comando de Jesus, a Terra que saía da condição de Mundo Primitivo, ingressando na de Mundo de Expiação e de Provas, recebeu-os. O Cristo deu-lhes as boas-vindas e a oportunidade de poder se renovar.

Atlântida
Os capelinos reencarnaram em sua maioria na Ásia, encaminhando-se para a Atlântida, até o desaparecimento da última ilha (há aproximadamente há 12 mil anos).

Na Terra, começaram a viver duas humanidades: a nativa e a capelina.

Vida extraterrena
Em todos os tempos, muitas teorias foram levantadas sobre a influência de seres de outros planetas na Terra. Estudiosos da ufologia, dos Annunakis, seriados de TV e livros como *Eram os deuses astronautas?* partiram da pesquisa dessa relação interplanetária.

Planeta Terra (Ocidente)

Atlântida

Nome:
Exilados de Capela.
Conceito:
Espíritos vindos de um planeta da estrela Capela para se regenerar na Terra.
Grupos:
Brâmanes da Índia.
Família de Israel.
Egípcios.
Indo-europeus.

Atlantes
Como primeiros povos com desenvolvimento intelecto-moral, também ampliaram suas faculdades mediúnicas e psíquicas, como a telepatia. As lembranças desses povos deram origem a personagens de ficção.

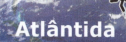

Sistema solar binário de Capela

Planeta capelino
Em transição para Mundo de Regeneração

Guerras e lutas aconteceram no planeta capelino.

Os exilados
Há 28 mil anos, milhares de Espíritos exilados de Capela chegaram à Terra – uns arrependidos, outros indiferentes, e muitos corrompidos pelo mal.

Exílio de Capelinos

Retorno de alguns Espíritos egípcios a Capela

1. Os egípcios
Dos quatro grupos de capelinos, os egípcios eram os mais evoluídos. Muitos deles, com saudade do seu mundo anterior, renovaram-se e conseguiram voltar para Capela.

Ásia Central
Jesus reuniu os capelinos no mundo espiritual, na região dos planaltos do Irã e nas montanhas do Pamir. Depois eles reencarnaram e futuramente dividiram-se em quatro grupos.

2. Família indo-europeia
Não tinham sentimento religioso, pois traziam de Capela uma revolta íntima. A maior virtude deles residia na confraternização com o selvagem da Europa, sendo a base da raça branca.

Planeta Terra (Oriente)

2. Família indo-europeia

Planalto do Irã e Pamir
Há 12 mil anos

4. Israel

1. Egípcios

3. As castas da Índia

3. As castas da Índia
Dos hindus descenderam todos os povos arianos. O sânscrito é a língua reminiscente de Capela.

4. O povo de Israel
Tratava-se do grupo mais forte, homogêneo, monoteísta e orgulhoso. Jesus o escolheu por serem os mais crentes.

Google

Existem escritos sobre a vida em Capela?

Sim. As histórias e lembranças de Capela foram narradas nas mitologias e nos livros sagrados – recordações de um mundo melhor, onde pessoas fizeram mau uso do conhecimento em guerras, sendo retiradas para a Terra a fim de reparar seus erros, passando por novas provas e convivendo com a humanidade terrestre. Um exemplo está na Bíblia, no livro de *Gênesis*, com o relato de Adão e Eva e a promessa de um mundo melhor: o "paraíso". Eles, arrependidos por desobedecerem às leis divinas, ao se alimentarem erradamente do conhecimento (a maçã), foram expulsos para a Terra.
O nome "raça adâmica" provém do nome Adão, em referência aos Espíritos exilados de Capela.

A revelação espírita

Ajuda a ampliar o entendimento das leis divinas. Com o espiritismo, enxergamos os Espíritos como seres inteligentes dos orbes do Universo obedecendo à lei do progresso e mudando de mundos na sua evolução.

Ciclo Ariano
(raça adâmica ou capelina)

É o ciclo atual, que teve início há 28 mil anos aproximadamente e está chegando ao seu fim. Marca o início da Terra como Mundo de Expiação e de Provas, com a chegada dos capelinos, também chamados de raça adâmica, até atingir o nível para entrar em um Mundo de Regeneração.

Retorno de alguns Espíritos egípcios a Capela

História — Antes de Cristo / Depois de Cristo

- **Espiritismo 1857**
- **FIM DO CICLO** — Semana Profética ou Apocalíptica (2.520 anos)
- **Jesus** 0 -33 d.C.
- **Moisés** 1350 a.C.
- **Pirâmides do Egito** — 4000 a.C.
- **Espiritismo** — Terceira Revelação
- **Jesus (Divide a história)** — Segunda Revelação — Novo Testamento
- **Moisés** — Primeira Revelação — Antigo Testamento
- **História** — Surge com a aparição da escrita 4000 a.C.

Pré-história (início há 12 mil anos) / **Neolítico**

1. Egípcios
2. Família indo-europeia
3. As castas da Índia
4. Israel

Período que corresponde a Noé

Há 7 mil anos

Os sumérios — A primeira civilização do planeta surgiu há 8 mil anos.

Neolítico — Período da Pré-história da Pedra Polida. Com o surgimento da agricultura e a domesticação de animais, os humanos deixaram de ser nômades para serem sedentários (influência capelina).

Montanhas do Pamir — Capelinos foram agrupados espiritualmente sobre essa região, localizada na Ásia Central, entre Irã e Paquistão.

Há 12 mil anos

Ilhas atlantes — As últimas ficaram embaixo do mar há 12 mil anos.

Fim da Era do Gelo — Descongelamento há 12 mil anos.

Nome: Ciclo Ariano ou Capelino.
Conceito: Espíritos capelinos encarnam na Terra para iniciar sua regeneração.
Tempo: 28 mil anos (16 mil anos na Atlântida) (12 mil anos em nossos continentes atuais)
Objetivo: Conviver com a humanidade terrena e desenvolver o amor.

Jesus
Coordena a chegada e a saída de Espíritos da Terra

Há 28 mil anos

Planeta capelino
Em transição para Regeneração

Exílio

Chegada dos exilados de Capela

Paleolítico
Surgem os primeiros artefatos em pedra lascada. Os humanos eram essencialmente nômades caçadores e coletores (sem influência capelina).

Início da raça ariana (adâmica ou capelina)

Fim do homem de Neandertal

Transição planetária

Período que corresponde a Adão e Eva

1 Atlântida
Os capelinos reencarnaram na Ásia e encaminharam-se a Atlântida, até a desaparição da última ilha (aproximadamente há 12 mil anos).

Atlântida
Continente desaparecido.

2 Ásia Central
Os capelinos dividiram-se e começaram a reencarnar formando quatro grandes grupos.

Paleolítico (início há 2,5 milhões de anos)

Pré-história

Há 21 mil anos

Paleolítico (fim há 12 mil anos)

Segundo Emmanuel, esses ciclos são tempos de serviços para nosso aperfeiçoamento espiritual, a fim de aprendermos as leis do amor.

A Pré-história
O contato dos capelinos com os Espíritos terrenos permitiu um grande avanço no progresso dos povos. Essa influência mudou a Pré-história, que saiu do Paleolítico para entrar no Neolítico, quando a humanidade passou de nômade e caçadora para agricultora e sedentária.

Há 14 mil anos

Quais são os momentos mais importantes deste ciclo?

Este ciclo tem momentos marcantes, como a chegada dos capelinos; a oportunidade que Jesus lhes oferece para se renovar na Terra, e com isso a manipulação dos corpos espirituais (perispírito) dos humanos, deixando-os em condições de reencarnar; a desaparição do homem de Neandertal, deixando o *Homo sapiens* como única espécie hominídea na Terra; a desaparição das últimas ilhas atlantes; o início da História; as três revelações espirituais com Moisés, Jesus e os Espíritos Superiores; e a limpeza espiritual do planeta para seu ingresso em um Mundo de Regeneração.

Característica

Único ciclo no qual a própria humanidade coloca em risco sua sobrevivência. Em mundos mais elevados, já não existe a agressividade atual, e em mundos mais atrasados não há armas nem capacidade para seu próprio aniquilamento.

Fim do ciclo

Fim do período da raça ariana. A Terra finaliza sua etapa de Mundo de Expiação, atravessa uma fase de transição e ingressa em um Mundo de Regeneração. Esse período, também chamado Semana Profética ou Apocalíptica (7 dias), está dividido em dois momentos: O domínio da luz (3½ dias) e o domínio das trevas (3½ dias). No domínio da luz, as forças do Cristo chegam à Terra para implantar o Evangelho no coração dos homens. No domínio das trevas, o Evangelho é deturpado.

Jesus
Prometeu enviar outro Consolador para ensinar verdades espirituais e nos fazer recordar seu Evangelho. Jesus previa um tempo futuro sob o domínio das trevas, no qual as pessoas esqueceriam sua mensagem.

FIM DO CICLO
Semana Apocalíptica (2.520 anos)

Daniel (650 a.C.)
O profeta, conhecido pela sua interpretação de sonhos, teve a visão desse fim de ciclo. O Espírito luminoso Gabriel revelou-lhe o período final de seu povo, que seria dividido em duas etapas: o domínio da luz, com a chegada do Messias (Jesus), e o domínio das trevas, com as deturpações da mensagem.

João Evangelista (9 d.C.-103 d.C.)
O discípulo mais amado de Jesus. Na ilha de Patmos, recebeu a grande revelação: o Apocalipse. Um anjo, enviado por Jesus, mostrou-lhe o fim do ciclo com detalhes, e pediu que ele o divulgasse novamente a todos os povos. João era o próprio Daniel reencarnado.

650 a. C.

Jesus

1 Domínio da luz
1/2 semana (3½ dias)

1.260 anos

Implantação do Evangelho

610 d. C.

Moisés
1350 a. C.

Revelação de Daniel
O Messias firmará aliança por uma semana (7 dias ou 7 tempos) e na metade da semana fará cessar o sacrifício (3½ dias de luz); e sobre a asa das abominações virá o devastador, até a consumação (3½ dias de trevas).

Fim do Mundo de Expiação e de Provas

Nome: Fim do Ciclo Ariano ou Capelino.
Conceito: Último período de expiação e provas na Terra.
Tempo: 2.520 mil anos (1.260 anos para o domínio da luz) (1.260 anos para o domínio das trevas ou Tribulação).
Datas: Início 650 a.C. Fim 1870 d.C.

Os apóstolos Eles previam a chegada futura do domínio da escuridão, ao que chamavam "Tribulação".

O Espírito Emmanuel afirma que os tempos e os ciclos obedecem ao projeto do Cristo, no aperfeiçoamento das almas no planeta.

Allan Kardec
A Revelação Espírita, com trabalho do Codificador e os ensinamentos do Espírito da Verdade, trouxe de volta o Evangelho de Jesus, que foi esquecido e deturpado no domínio das trevas, para ajudar a humanidade em sua iluminação interior.

O Consolador
O espiritismo ilumina as consciências e consola os corações. Elimina a ideia falsa da morte como fim e o temor do inferno. Apresenta a realidade da imortalidade da alma, a visão da vida espiritual, e traz o Evangelho revivido em sua pureza.

Alguém já falou desse fim de ciclo?

O fim do Ciclo Ariano foi previsto pelo povo de Israel e registrado na Bíblia em diversos tempos: nas palavras de profetas como Daniel, pelos apóstolos de Jesus, na revelação do Apocalipse de João Evangelista e, mais recentemente, na revelação espírita e na psicografia de Chico Xavier. A Bíblia descreve o domínio das trevas como a "Grande Tribulação":

(1) Será de âmbito mundial (Ap 3:10).
(2) Será o pior tempo de aflição e angústia que já ocorreu na história da humanidade (Dn 12:1; Mt 24:21).
(3) Será um tempo terrível de sofrimento para os judeus (Jr 30:5-7).
(4) Tal como nunca ocorreu desde o princípio do mundo até agora, nem tampouco ocorrerá de novo (Mt 24:3-21).

2 Domínio das trevas
1/2 semana (3½ dias)

1.260 anos

Tribulação ou domínio da Besta do Apocalipse

1870

Espiritismo 1857

Momento atual

Exílio de Espíritos rebeldes da Terra para outros mundos.

2050

Transição Planetária

Fim da raça adâmica

Início de nova raça

Início do Mundo de **Regeneração**

Chico Xavier
No livro psicografado *A caminho da luz*, Emmanuel descreve este final de ciclo com detalhes, definindo a data de início do domínio das trevas ou Besta do Apocalipse em 610 d.C., e o fim desse domínio em 1870 d.C.

Grande Tribulação

Termo bíblico que descreve o período aflitivo da humanidade. Tribulação é a sensação de tristeza, dor e amargura.

19

As Revelações

Graças a informações de Emmanuel, entendemos que a profecia de Daniel sobre a Semana Profética e os 7 selos do Apocalipse de João Evangelista correspondem a períodos de tempo. Meia semana (3½ dias) de domínio da Besta, que poderia dizer grandezas e blasfêmias por 42 meses, são 42 tempos vezes 30 anos, totalizando 1.260 anos. Logo, a semana completa será de 2.520 anos, e cada um dos dias proféticos ou selos é um período de 360 anos.

Semana Profética
O tempo total é de 2.520 anos, correspondendo a 7 dias ou 7 selos de 360 anos.

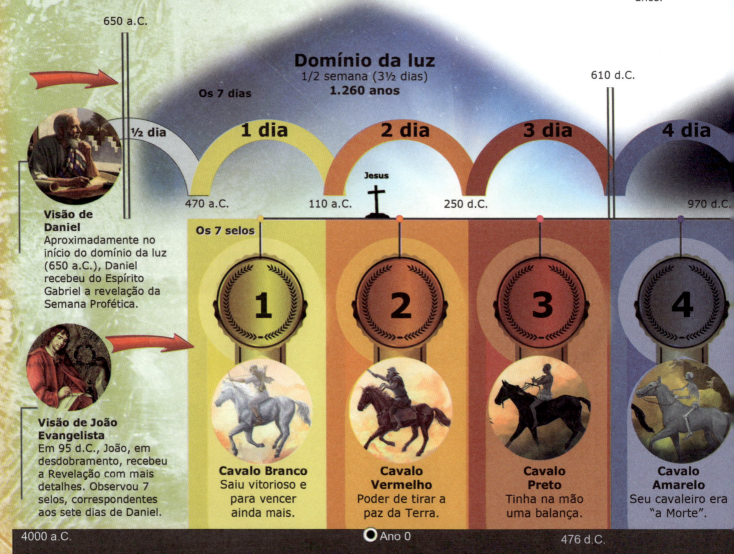

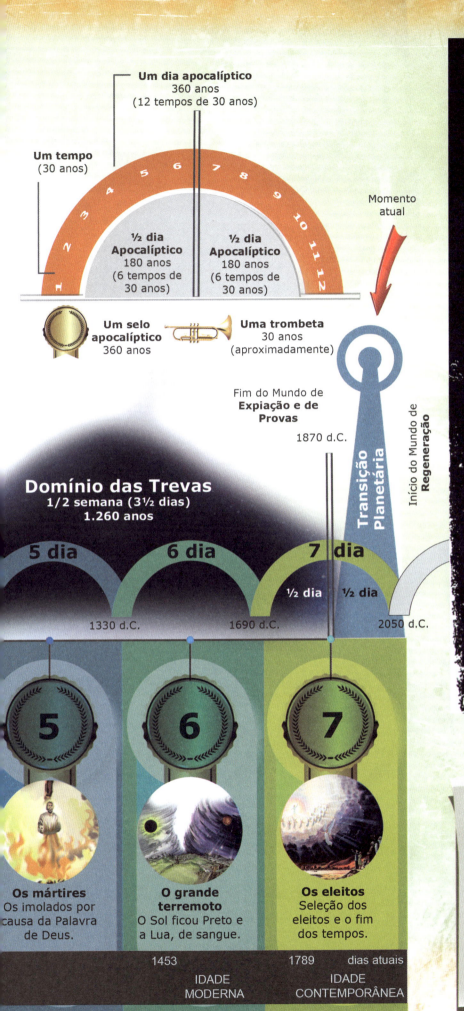

Alguém já pesquisou essas Revelações?

Durante séculos, diversos pesquisadores e religiosos têm chegado a similares conclusões. Mas, com riqueza de detalhes, pela mediunidade de Chico Xavier, o Espírito Emmanuel consegue dar informações com datas precisas.

Isso nos mostra como as visões proféticas de Daniel e João Evangelista eram revelações de um impressionante mecanismo celeste. Eles enxergaram a engrenagem fantástica do relógio do Cristo, que mede os tempos e, em seu planejamento, mantém a estrutura e o progresso do planeta Terra.

Reencarnação

O profeta Daniel reencarna e será conhecido como João Evangelista, recebendo novamente a Revelação, agora com mais detalhes.
Mil anos depois, voltaria como Francisco de Assis, o maior símile de Jesus.

Apocalipse

Revelação de Jesus, por intermédio de seu "anjo", ao discípulo João Evangelista, para que escrevesse um livro sobre o fim de um ciclo planetário. João encontrava-se na ilha de Patmos, em estado de êxtase (transe profundo com desdobramento). Teve duas grande visões, nas quais foram-lhe mostrados 7 selos (ou períodos de tempo), 7 trombetas e 7 taças. O Apocalipse, ou "Revelação", é um livro da Bíblia e descreve o surgimento e o fim da Besta, a Nova Jerusalém e o retorno de Jesus.

7 selos

Os 7 Selos

Os 7 selos são 7 períodos do fim do ciclo planetário. Esses selos correspondem à Semana Profética de Daniel (7 dias).

1

Cavalo Branco
Saiu vitorioso e para vencer ainda mais.

2

Cavalo Vermelho
Poder de tirar a paz da Terra.

3

Cavalo Preto
Tinha na mão uma balança.

4

Cavalo Amarelo
Seu cavaleiro era chamado "a Morte".

5

Os mártires
Os imolados por causa da Palavra de Deus.

Nome:
Apocalipse ou Revelação.
Conceito:
Visão de João Evangelista escrita em um livro da Bíblia.
Divisão:
Os 7 selos correspondem a 7 períodos da Terra no final do Ciclo Ariano.
Observação:
Mostra o fim do Mundo de Expiação e de Provas, a transição planetária e a previsão do Mundo de Regeneração.

7 trombetas

As trombetas
São 7 períodos menores do último selo.

30 minutos
Antes do início das trombetas houve um silêncio de meia hora.

1

Caiu granizo e fogo misturados com sangue.

2

A terça parte do mar transformou-se em sangue.

3

Caiu do céu uma grande estrela, ardendo como uma tocha.

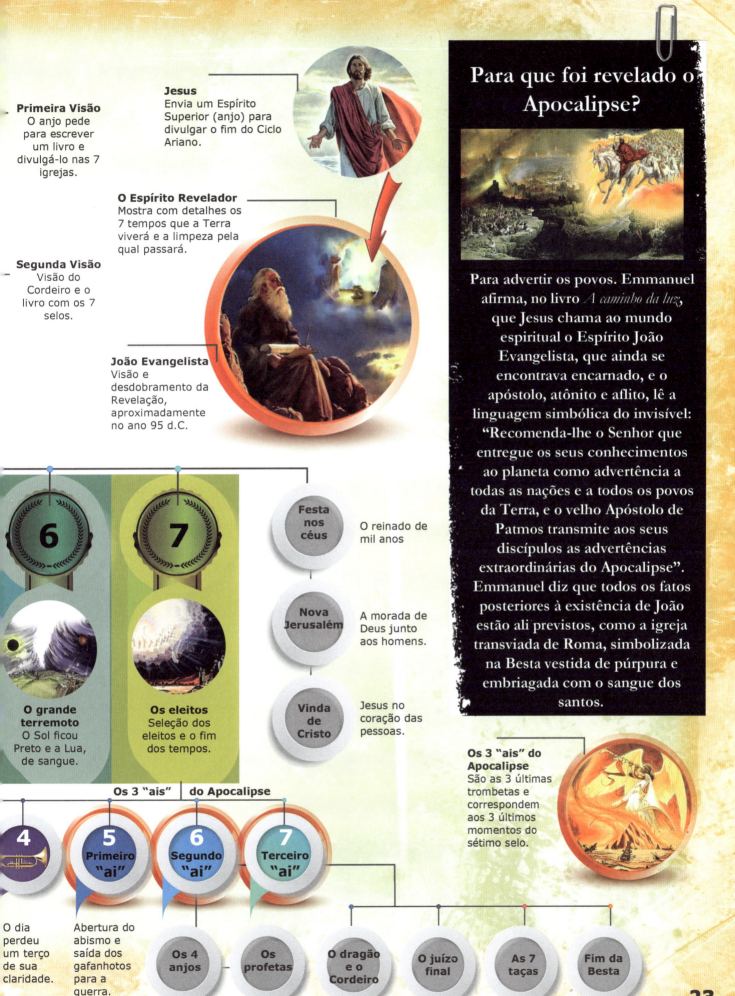

Emmanuel

Com a revelação do livro *A caminho da luz*, entendemos melhor as profecias de Daniel e de João. Observamos ainda que a estrutura da obra foi montada por Emmanuel em capítulos que correspondem aos dias proféticos ou aos selos do Apocalipse.

Domínio da luz

½ dia	1 dia	2 dia	3 dia	4 dia	5 dia
650 a.C.	470 a.C.	110 a.C. — Jesus	250 a.C.	610 d.C. / 970 d.C.	
	1	2	3	4	5
	Cavalo Branco	Cavalo Vermelho	Cavalo Preto	Cavalo Amarelo	Os mártires
VIII – A CHINA MILENÁRIA	X – A GRÉCIA E A MISSÃO DE SÓCRATES	XII – A VINDA DE JESUS	XIV – A EDIFICAÇÃO CRISTÃ	XVI – A IGREJA E A INVASÃO DOS BÁRBAROS	XVIII – OS ABUSOS DO PODER RELIGIOSO
IX – AS GRANDES RELIGIÕES DO PASSADO	XI – ROMA	XIII – O IMPÉRIO ROMANO E SEUS DESVIOS	XV – A EVOLUÇÃO DO CRISTIANISMO	XVII – A IDADE MEDIEVAL	XIX – AS CRUZADAS E O FIM DA IDADE MÉDIA
Preparação do cristianismo	Os enviados do Cristo e a prévia do Evangelho.	Jesus e a maioridade da Terra.	Cristianismo puro e religião do Estado.	Idade Média, o Papado e o início da Besta.	Inquisição

Nome: Emmanuel.
Conceito: O livro *A caminho da luz* possibilita o entendimento das revelações de Daniel e João Evangelista.
Divisão: Capítulos para explicar os 7 tempos ou selos.
Observação: A obra foi psicografada em apenas um mês. (De 17 de agosto a 21 de setembro de 1938).

7 trombetas

30 minutos de silêncio.

XXI – ÉPOCA DE TRANSIÇÃO	XXII – A REVOLUÇÃO FRANCESA		XXIII – O SÉCULO XIX
O enciclopedismo e a independência norte-americana.	Revolução Francesa e a era napoleônica.	Libertação das Américas	Espiritismo

Capítulos do livro *A caminho da luz* foram destacados em **negrito**.

Primeira e Segunda visão do Apocalipse correspondem a:

I – A GÊNESE PLANETÁRIA
II – A VIDA ORGANIZADA
III – AS RAÇAS ADÂMICAS
IV – A CIVILIZAÇÃO EGÍPCIA
V – A ÍNDIA
VI – A FAMÍLIA INDO-EUROPÉIA
VII – O POVO DE ISRAEL
Exilados de Capela

A mediunidade
Os Espíritos Superiores têm utilizado médiuns (profetas) como Daniel, João e Chico Xavier para poder revelar informações espirituais em diversos tempos.

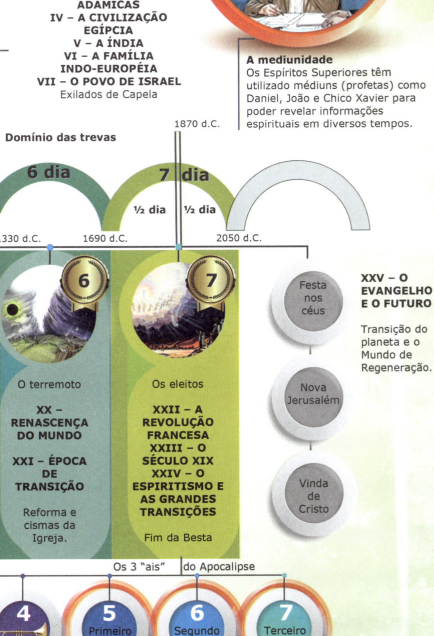

Domínio das trevas

6 dia — 7 dia
½ dia — ½ dia

330 d.C. — 1690 d.C. — 1870 d.C. — 2050 d.C.

6 — O terremoto
XX – RENASCENÇA DO MUNDO
XXI – ÉPOCA DE TRANSIÇÃO
Reforma e cismas da Igreja.

7 — Os eleitos
XXII – A REVOLUÇÃO FRANCESA
XXIII – O SÉCULO XIX
XXIV – O ESPIRITISMO E AS GRANDES TRANSIÇÕES
Fim da Besta

Festa nos céus
Nova Jerusalém
Vinda de Cristo

XXV – O EVANGELHO E O FUTURO
Transição do planeta e o Mundo de Regeneração.

Os 3 "ais" do Apocalipse

4 — 5 Primeiro "ai" — 6 Segundo "ai" — 7 Terceiro "ai"

Momento em que o livro foi psicografado.

XXIV – O ESPIRITISMO E AS GRANDES TRANSIÇÕES

Provas da Igreja | Primeira Guerra Mundial | Segunda Guerra Mundial e provações coletivas | Limpeza planetária

Emmanuel revelou tudo?

O livro *A caminho da luz* foi psicografado em 1938. As informações vão até esse ano, mas Emmanuel consegue prever uma série de dados referentes aos últimos momentos do Mundo de Expiação e de Provas e o começo do Mundo de Regeneração. Como o livro foi escrito um ano antes do início da Segunda Guerra Mundial, Emmanuel afirma naquele momento que ainda faltavam os últimos "ais" do Apocalipse (uma alusão ao segundo e terceiro "ai"). Com esse dado, conseguimos identificar os períodos restantes.
Para Emmanuel: "o Apocalipse tem singular importância para os destinos da Humanidade".

A psicografia

Pelas mãos de Chico Xavier vemos a genialidade de Emmanuel ao compor a obra, deixando fácil a compreensão do destino da humanidade, sem mistérios e à luz do espiritismo.

As visões de João

Jesus, por intermédio de seu anjo (Espírito luminoso), revela em visões ao seu discípulo mais amado, João Evangelista, todas as coisas que deverão acontecer no fim do ciclo, para que ele as divulgue a toda a humanidade. As visões devem ter sido escritas entre 90 d.C. e 100 d.C. Na introdução do Apocalipse diz-se: "Feliz aquele que lê e aqueles que escutam as palavras da profecia e põem em prática o que nela está escrito. Pois o tempo está próximo".

Visão inaugural
Aparece um homem vestido com uma túnica comprida e uma faixa de ouro em volta do peito. Na mão direita, tinha sete estrelas; de sua boca saía uma espada afiada, de dois gumes; e seu rosto era como o Sol.
O homem disse-lhe: "Não tenhas medo. Eu sou o Primeiro e o Último. Estive morto, mas agora estou vivo para todo o sempre".

Ilha de Patmos
Exilado por divulgar o Evangelho, João está na ilha de Patmos, na Grécia, lugar onde terá o desdobramento e as visões do Apocalipse.

Jesus
"O Alfa e o Ômega" vai revelar a João os 7 tempos.

Anjo enviado por Jesus
Disse a João em êxtase: "O que vês, escreve-o num livro e envia-o às sete igrejas".

Nome:
As visões de João Evangelista.
Conceito:
Visão em transe mediúnico sobre o fim do Mundo de Expiação e Provas para início do Mundo de Regeneração.
Tempo:
Aproximadamente entre os anos 90 d.C. e 100 d.C.
Lugar:
Ilha de Patmos, Grécia.

João Evangelista
Recebe o pedido de Jesus para escrever o que viu, aquilo que estava acontecendo e o que iria acontecer depois.

Explicação
O homem é Jesus.
As 7 estrelas são os anjos das 7 igrejas.
Os 7 candelabros são as 7 igrejas (a cristandade).
A espada é a divisão que Jesus vai realizar na humanidade.

1 Visão
João teve um desdobramento ao mundo espiritual, em que observou um trono. Ao redor do trono havia outros 24 tronos com 24 anciãos, todos eles vestidos de branco.

Diante do trono estavam acesas 7 lâmpadas de fogo, que são os 7 Espíritos de Deus. Na frente do trono havia como que um mar de vidro cristalino. No centro, ao redor do trono, havia 4 seres vivos, cheios de olhos pela frente e por detrás.

Explicação
No livro *A caminho da luz*, esse texto corresponde à reunião dos Espíritos Puros, que decidem sobre a vinda do Cristo à Terra, sob ordens divinas.

O mar cristalino corresponde à humanidade terrena, e os 4 seres vivos, às raças adâmicas, os quatro grupos de Espíritos exilados de Capela.

2 Visão
João viu depois, na mão direita daquele que estava sentado no trono, um livro, um rolo escrito por dentro e por fora, lacrado com 7 selos. Viu também um Cordeiro no centro do trono. O Cordeiro tinha 7 chifres e 7 olhos, que são os 7 Espíritos de Deus, enviados por toda a Terra.

Explicação
No livro *A caminho da luz*, corresponde esse texto ao último momento da raça adâmica ou Ciclo Ariano, com a chegada de Jesus, o Cordeiro de Deus.
Os 7 selos do livro correspondem aos 7 dias ou 7 tempos, de 360 anos cada um, que a Terra vai viver antes de iniciar o Mundo de Regeneração.

Como termina o Apocalipse?

Jesus pede que se divulgue a todos sua Revelação e prediz seu retorno ao coração dos homens em um mundo mais regenerado, onde o Evangelho seja compreendido e vivenciado. No final do Apocalipse, afirma: "Não deixes sob sigilo as palavras da profecia deste livro, pois o tempo marcado está próximo. O malfeitor continue fazendo o mal, o sujo continue a sujar-se; e que o justo continue praticando a justiça e o santo santifique-se ainda mais. Eis que venho em breve, trazendo comigo a minha recompensa, para retribuir a cada um segundo as suas obras. Eu sou o Alfa e o Ômega, o Primeiro e o Último, o Começo e o Fim. Felizes os que lavam suas vestes, pois assim poderão dispor da árvore da vida".

Mediunidade

Graças às explicações de Emmanuel, pela mediunidade ímpar de Chico Xavier, conseguimos ter panorama mais amplo das visões mediúnicas que João Evangelista teve.

27

O dragão e a Besta

João narra a existência de um dragão que luta contra o anjo Miguel. Ele é expulso para a Terra e persegue uma mulher grávida por 1.260 dias. O dragão faz surgir uma Besta do mar e logo outra, com o sinal 666, que os reis da Terra veneram, até a chegada do filho da mulher grávida. Esse filho expulsará a Besta e depois o dragão. Emmanuel, em sua psicografia, revela-nos o significado de cada item para melhor entender a visão de João.

Miguel
Houve então uma batalha no céu: Miguel e seus anjos guerrearam contra o dragão.

Dragão
O dragão e seus anjos foram derrotados; eles perderam seu lugar no céu e foram expulsos para a Terra. Uma voz disse: "Ai da Terra, porque o dragão desceu para o meio de vós e está cheio de grande furor".

Explicação
Corresponde o texto ao exílio de Espíritos rebeldes e pervertidos de Capela à Terra, há 28 mil anos, para iniciar sua reforma interior.
Muitos deles permaneciam dominados pela escuridão e iriam gerar sofrimentos no planeta.

O dragão
Aparece um dragão vermelho com 7 cabeças e 10 chifres. Deseja devorar o filho da mulher logo que ela o desse à luz.

A mulher grávida
Aparece uma mulher vestida com o Sol, com dores de parto pelo nascimento de seu filho, que vai nascer e governar todas as nações. Ela terá que fugir ao deserto por 1.260 dias.

Explicação
A mulher é a vinda do Evangelho ao planeta, e corresponde ao tempo do domínio da luz na Terra (650 a.C.–610 d.C.), com a chegada do filho, que é Jesus. A fuga ao deserto por 1.260 dias, é o domínio das trevas por 1.260 anos (610 d.C.–1870d.C.).
O dragão são os Espíritos rebeldes dispostos a deturpar o Evangelho nesse período.

Nome:
O dragão e a Besta.
Conceito do dragão:
Espíritos rebeldes exilados de Capela, responsáveis por gerar dor e deturpar o Evangelho.
A primeira Besta:
Consolidação do Papado no ano 607 d.C.
A segunda Besta:
Os papas desse período.
Tempo de domínio:
1.260 anos
(610 d.C. até 1870 d.C.)

28

A primeira Besta

Surgiu do mar. Tinha 10 chifres e 7 cabeças e, sobre elas, um nome blasfemo. O dragão entregou à Besta seu poder e seu trono, e ela recebeu uma boca para proferir blasfêmias enquanto agia, durante 42 meses. Foi-lhe permitido combater contra os santos e vencê-los.

A segunda Besta

Tinha 2 chifres como um cordeiro, mas falava como um dragão. Exercia todo o poder da primeira Besta, a serviço desta. Fez com que a Terra e seus habitantes adorassem a primeira. Seu número era 666.

Como entender melhor o número 666?

```
V =   5
I =   1
C = 100
A =   0       F = 0
R =   0       I = 1
I =   1       L = 50      D = 500
V =   5       I = 1       E =   0
S =   0       I = 1       I =   1
    ———           ——          ———
    112           53          501

Vicarius   112
Filii       53
Dei        501
           ———
           666
```

Emmanuel afirma que, para entender melhor esse número, devemos recorrer aos algarismos romanos, por serem mais divulgados e conhecidos à época, explicando que é o sumo-pontífice da Igreja Romana quem usa os títulos "VICARIVS GENERALIS DEI IN TERRIS", "VICARIVS FILII DEI" e "DVX CLERI", que significam "Vigário-geral de Deus na Terra", "Vigário do Filho de Deus" e "Príncipe do Clero".
Para o guia de Chico Xavier, uma soma simples dos algarismos romanos encontrados em cada título papal é suficiente para encontrar a mesma equação: 666.

Explicação

A Besta é o Papado, e a segunda Besta são os Papas. A Igreja Romana (Roma, a cidade das 7 colinas), em nome do Cordeiro, incentivou as Cruzadas, a Inquisição e todo tipo de abominações, com o apoio dos reis da Terra, obedecendo aos Espíritos rebeldes: o dragão.

Emmanuel revela no livro *A caminho da luz* que podemos tomar cada mês como sendo de 30 anos, em vez de 30 dias, e multiplicar isso por 42, tendo assim um período de 1.260 anos – isto é, de 610 a 1870, quando o Papado se consolidava, após seu surgimento com o imperador Focas, em 607, além da instituição do decreto da infalibilidade papal com Pio IX, em 1870, que marcou a decadência do Vaticano.

O Cordeiro e seu séquito

João viu que o Cordeiro estava de pé sobre o monte Sião e, com ele, os 144 mil que tinham o nome dele e o nome de seu Pai inscritos na fronte. Estavam diante do trono e cantavam um cântico novo.

Explicação

Essa parte da visão corresponde à vinda dos Espíritos de luz à Terra, sob o comando de Jesus, para reestabelecer o Evangelho puro, e em forma definitiva, no coração dos homens.

Os dragões

No livro *Libertação*, André Luiz descreve o resgate do Espírito Gregório IX (o Papa da Inquisição) nas regiões das trevas. Ele afirmava estar a serviço dos dragões, enquanto sua mãe servia ao Cordeiro.

Domínio da luz
(650 a.C.-610 d.C.)

Nesse período de 1.260 anos (3½ dias), Jesus programou a chegada do Evangelho à Terra, enviando mensageiros periodicamente, desde seis séculos antes até seis séculos depois de sua vinda.

Máximo domínio da luz
(50 a.C.-10 d.C.)
Coincide com a vinda de Jesus.

Início do domínio da luz | ½ dia | 1 dia | 2 dia
650 a.C. | 470 a.C. | | 110 a.C.

No livro Apocalipse:

Cavalo Branco
Seu cavaleiro tinha um arco, e deram-lhe uma coroa. Saiu vitorioso e para vencer ainda mais.

Cavalo Vermelho
Ao seu cavaleiro foi dado o poder de tirar a paz da Terra, de modo que os homens se matassem uns aos outros. E foi-lhe dada uma grande espada.

Lao-Tsé
(VI a.C.-531 a.C.)

Confúcio
(551 a.C.-479 a.C.)

Buda
(563 a.C.-483 a.C.)

Início do domínio da luz
Lao-Tse – Confúcio – Buda

IX - AS GRANDES RELIGIÕES DO PASSADO

Preparação do cristianismo no Oriente com três mensageiros de Jesus: Lao-Tsé, Confúcio e Buda.

Primeiro dia da luz
Sócrates e a prévia do cristianismo

X – A GRÉCIA E A MISSÃO DE SÓCRATES
XI – ROMA

Sócrates
(469 a.C.-399 a.C.)

No livro *A caminho da luz*, esse período corresponde à vinda dos grandes mensageiros de Jesus ao Ocidente. Sócrates deixou as mais belas virtudes, sendo um precursor dos princípios cristãos, junto a Espíritos sábios, filósofos e artistas do século de Péricles (439 a.C.-338 a.C.), na Atenas antiga.

Esparta marcou o regime absoluto do Estado (no futuro reencarnaram na Alemanha e Rússia), e Atenas foi o berço da democracia (no futuro reencarnaram na França e Inglaterra).

Jesus projetou também a fundação de Roma. A família romana constituiu-se em meio ao respeito à mulher e à compreensão dos deveres do homem. Mas o império empreendeu a conquista, assumindo graves responsabilidades.

XII – A VINDA DE JESUS
XIII – O IMPÉRIO ROMANO E SEUS DESVIOS

Antes de Cristo (a.C.) | Depois de Cristo (d.C.)

Esse período corresponde à vinda de Jesus com seu Evangelho. Sua frase "Não penseis que Eu tenha vindo trazer paz à Terra; não vim trazer a paz, mas a espada" faz todo o sentido. Jesus divide assim a História, o planeta atinge sua maioridade espiritual, e sua mensagem de amor provoca violência por parte dos adversários da luz.

Com Jesus cumprem-se as profecias de Israel.

O Alto previa que Roma orientasse a união dos povos, mas o império mergulhou na corrupção.
Júlio César deveria expandir a cultura, mas seus atos originaram sofrimento. Surgiram as primeiras igrejas, e Paulo de Tarso universalizou o cristianismo.

30

A boa-nova
As bem-aventuranças que Jesus (o Cordeiro de Deus) pregou no Sermão da Montanha são os ensinamentos do código de conduta espiritual para todos os povos da Terra.

3 dia

Fim do domínio da luz

Domínio das trevas

250 d.C. — 610 d.C.

Cavalo Preto
Seu cavaleiro tinha na mão uma balança. E ouvi uma voz: "Um quilo de trigo por um dia de trabalho! Três quilos de cevada por um dia de trabalho! Não prejudiques o azeite e o vinho".

XIV – A EDIFICAÇÃO CRISTÃ
XV – A EVOLUÇÃO DO CRISTIANISMO

90 anos (¼)   270 anos (¾)
Cristianismo puro — Cristianismo desviado

Este período (360 anos) corresponde à divisão entre o cristianismo puro e a religião do Estado. Pode ser dividido em 4 partes de 90 anos, sendo ¼ da propagação do cristianismo primitivo (um quilo de trigo), e os outros ¾, do cristianismo religião do Estado, com os desvios romanos (três quilos de cevada).

Em 325, surgem os primeiros dogmas, e, em 381, Teodósio declara o cristianismo como religião do Estado. O cristianismo perde a humildade, e Jesus determina a transformação de Roma. Em 410, com as invasões bárbaras, e em 476, com a queda do império, tem início a Idade Média, o período obscuro da humanidade.

Os primeiros cristãos
Viveram o amor fraterno. Foram perseguidos até início do século IV.

Religião do Estado
O cristianismo desviou-se de sua origem com a influência romana. As deturpações acentuaram-se ainda mais na Idade Média, que teve início com a queda do Império Romano do Ocidente, em 476, e com o surgimento do Papado, no ano 607.

Por que Jesus veio à Terra?

Jesus veio trazer o Evangelho à Terra no final do Ciclo Ariano, marcando o começo da era da maioridade espiritual da humanidade. Com sua exemplificação divina, entregou o código da fraternidade e do amor a todos os corações.
Ele encarnou nos 60 anos mais luminosos do período de luz, entre 50 a.C e 10 d.C. Nesse período surgiu a Pax Romana (período de paz no império). Sua vinda, na manjedoura, serviu como lição inicial para dizer que a humildade representa a chave de todas as virtudes. A boa-nova ou "boa notícia para quem seguir o caminho do amor", é um divisor de águas, tendo servido de guia de conduta para a humanidade viver em harmonia.

Maomé (570-632)
Jesus prepara um dos seus seguidores e o envia à Terra com a missão de reunir os povos árabes e restaurar o cristianismo – missão que ele não realiza.

31

Domínio das trevas
(610-1870)

Nesse período de 1.260 anos (3½ dias), as trevas deturparam a pureza do Evangelho. A Besta do Apocalipse falou todo tipo de blasfêmias em nome do Cordeiro, e os mensageiros de Jesus foram perseguidos.

Fim do domínio da luz | **Início do domínio das trevas**

4 dia — 610 d.C.

5 dia — 970

O Papado (607)
Seu surgimento marca o início deste período na Terra.

A Idade Média (476-1453)
Período da História com baixo alcance intelectual. Inicia-se com a queda do Império Romano do Ocidente e termina com a tomada de Constantinopla.

O islamismo
Vinha para restauração do ensino de Jesus, a fim de corrigir os desvios do Papado nascente, mas mudou seu objetivo, tomando outros caminhos.

Cavalo Amarelo
Seu cavaleiro era chamado "a Morte". Foi-lhe dado poder sobre a quarta parte da terra, para que matasse pela espada, pela fome e pelas feras.

> **Início das Trevas**
> Papado – Guerras Santas – Idade Média

XVI – A IGREJA E A INVASÃO DOS BÁRBAROS
XVII – A IDADE MEDIEVAL

No livro *A caminho da luz*, esse período corresponde às guerras do Islã, ao feudalismo e à Idade Média.
No ano 610, inicia-se o domínio das trevas ou "Besta do Apocalipse", com a consolidação do Papado, após seu surgimento com o imperador Focas, em 607.

O processo de expansão islâmica (632-732) tornou-se intenso com os sucessores de Maomé, isto é, os califas, a partir de 634, quando o profeta faleceu.

As Guerras Santas tiveram prosseguimento pelos continuadores do Islã, até serem derrotados por Carlos Martel (732). Carlos Magno (747-814) fortaleceu o mundo ocidental e o cristianismo.

Os mártires
Aqueles que tinham sido imolados por causa da Palavra de Deus gritavam: "Senhor, até quando tardarás em fazer justiça?" Então, cada um deles recebeu uma veste branca e foi-lhes dito que esperassem um tempo, até se completar o número dos seus companheiros.

> **Auge das trevas (1210-1270)**
> Cruzadas – Inquisição – Obscurantismo

XVIII – OS ABUSOS DO PODER RELIGIOSO
XIX – AS CRUZADAS E O FIM DA IDADE MÉDIA

Este período corresponde aos abusos do poder religioso, com perseguições e atos obscuros em nome de Jesus.

Entre os anos de 1210 e 1270, dá-se o auge das trevas no planeta, e todo tipo de abominação da Besta é feito em nome do Cordeiro. O papa Gregório IX consolida o Tribunal da Inquisição (1231), e as Cruzadas (1096-1292) se intensificam. Em contrapartida, surgem missionários do Cristo, como Luís IX (São Luís, 1214-1270) e Francisco de Assis (1182-1226), apóstolos de Jesus que reencarnam para reformar a Igreja em prol da pobreza e da humildade.

A Besta
Emmanuel afirma que o Apocalipse de João adverte que a Igreja transviada de Roma estava simbolizada como a Besta vestida de púrpura e embriagada com o sangue dos santos.

Jesus enviou alguém durante as trevas?

1870

6 dia

1330

7 dia

½ dia   ½ dia

1690

6

7

O terremoto
Vi acontecer um grande terremoto, e o Sol ficou preto como roupa de luto e a Lua tornou-se toda cor de sangue. As estrelas do céu caíram sobre a terra. Todas as montanhas e ilhas foram arrancadas de seus lugares.

As mudanças no mundo
Reforma – Renascimento – As Américas

XX – RENASCENÇA DO MUNDO
XXI – ÉPOCA DE TRANSIÇÃO

Este período corresponde à divisão da Igreja com a Reforma Protestante (1517-1648). As guerras entre cristãos católicos e protestantes, banhadas de sangue, escurecem a luz do Cristo nos corações.

O Renascimento (1300-1600) é marcado pela reencarnação de Espíritos luminosos enviados pelo Alto, nas artes e nas ciências.

Com o descobrimento das Américas (1492), novas ilhas e montanhas surgem nos mapas, oferecendo novas oportunidades para os Espíritos reencarnarem.

A Reforma
A renascença da religião teve início na Europa continental, com Jan Hus (1369-1415), e continuou com a Reforma Protestante de Lutero (1483-1546).

A Renascença
Jesus dirige todas as atividades humanas na Europa.

As Américas
Jesus localiza no continente americano suas esperanças. O cérebro do mundo é colocado nos Estados Unidos, e o coração, no Brasil.

Sim. Nos 60 anos mais escuros do domínio das trevas (1210-1270), marcados no Ocidente pela Inquisição (papa Gregório IX), as Cruzadas e o obscurantismo da igreja, as forças da luz enviaram mensageiros como o rei Luís IX (São Luís), Francisco de Assis e Clara, entre outros. Nesses anos, no Oriente, Gengis Khan conquistava violentamente a Ásia. No dia 6, reencarnou Jan Hus (1369), missionário do bem e precursor da Reforma Protestante. No dia 7, ele retornou com a missão de codificar o espiritismo – o Consolador prometido por Jesus – e seria conhecido como Allan Kardec (1804-1857).

Clara de Assis (1194-1253) e Francisco de Assis (1182-1226)

Reencarnaram mil anos depois, no auge do domínio das trevas, para exemplificar o Evangelho da caridade e da humildade com suas vidas, diante dos desvios de Roma.

33

O último dia
(1690-2050)

O sétimo e último dia apocalíptico, ou sétimo selo, tem 12 tempos de 30 anos, totalizando 360 anos. Ele está dividido em duas partes de 180 anos. A primeira parte (1690-1870) finalizou-se com o domínio das trevas; a segunda parte (1870-2050) é o momento da transição do planeta para tornar-se Mundo de Regeneração.

7 dia
1870

Fim das trevas
Falência da Igreja com a declaração de infalibilidade papal.

½ dia
(180 anos)

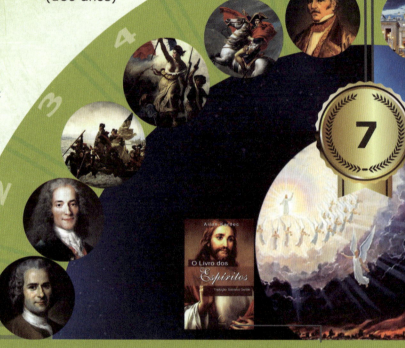

7 trombetas

As trombetas
São 7 períodos menores do último selo, cada um com 30 anos aproximadamente.

1690

Os eleitos

O anjo exclamou: "Não façais mal à terra, nem ao mar, nem às árvores, até que tenhamos marcado a fronte dos servos do nosso Deus".

Fim das Trevas / Início da Transição
Guerras - Limpeza espiritual da Terra.

XXII – A REVOLUÇÃO FRANCESA
XXIII – O SÉCULO XIX
XXIV – O ESPIRITISMO E AS GRANDES TRANSIÇÕES

Este dia corresponde ao fim do domínio das trevas no cristianismo (1870); às guerras no planeta; à volta do Evangelho puro, com a revelação dos Espíritos Superiores; às mudanças na Igreja; e ao início da transição do planeta, que deixará de ser um Mundo de Expiação.

A Terra começará sua limpeza espiritual exilando a outros mundos os Espíritos rebeldes, para deixar no planeta Espíritos em processo de regeneração.

1690 | 1720 | 1750 | 1780 | 1810 | 1840 | 1870

No Apocalipse:
Quando o Cordeiro abriu o sétimo selo, fez-se no céu um silêncio de meia hora.

Trinta minutos, ou 3 tempos menores (90 anos), correspondem, no livro *A caminho da luz*, à época dos Enciclopedistas, com a reencarnação na França, no século XVIII, de elevados Espíritos da filosofia, por exemplo, Voltaire e Rousseau. Também corresponde ao período da independência americana (1775), que organizaria o modelo dos códigos democráticos do porvir, e ao fim da Idade Moderna.

Caíram sobre a terra granizo e fogo misturados com sangue.

Corresponde à Revolução Francesa (1789), o Período do Terror, e à era Napoleônica (1799-1815).

Algo como uma grande montanha ardendo em chamas foi lançado ao mar.

Corresponde à libertação política das Américas pelas guerras de Napoleão Bonaparte (1808-1833).

Caiu do céu uma grande estrela, ardendo como uma tocha.

Corresponde ao fim da escravidão e à Revelação dos Espíritos Superiores com Allan Kardec (1855-1869).

O dia per um terço sua claridade e a noite igualmen

Correspo à defecçã da Igreja com a declaraçã da infalibilid papal (1870).

XXI – ÉPOCA DE TRANSIÇÃO

XXII – A REVOLUÇÃO FRANCESA

XXIII – O SÉCULO XIX

34

Início da transição
Começo da limpeza no planeta, com a retirada de Espíritos agressivos e rebeldes rumo a outros mundos.

½ **dia**
(180 anos)

Mundo de Regeneração
Jesus coordena o planeta para que seja um mundo com a claridade da imortalidade e o início de uma nova era, feita de paz, fraternidade e redenção.

Momento atual

Fim da **transição**

Início do **Mundo de Regeneração**
2050

1930 — 1960 — 1990 — 2020 — 2050

Os 3 "ais" do Apocalipse

Primeiro "ai" — Segundo "ai" — Terceiro "ai"

bertura do abismo, saída dos afanhotos com oder de escorpiões, e atormentarão o undo por cinco eses.

imeira Guerra undial (1914-1918) os 150 anos de nflitos até se iciar a generação (900-2050).

Foram soltos os quatro anjos para matar a terça parte da humanidade. O número das tropas de cavalaria era de 20 mil vezes 10 mil. As cabeças dos cavalos pareciam cabeças de leões, e de suas bocas saía fogo.

Corresponde à Segunda Guerra Mundial (1939-1945), exércitos em conflitos mundiais, epidemias e desastres coletivos. A Terra, assim como aconteceu em Capela, começa a retirada dos Espíritos endurecidos no mal rumo a outros mundos.

O reinado sobre o mundo pertence agora ao nosso Senhor e a seu Cristo, e ele reinará para todo o sempre.

Corresponde à prevista terceira reunião dos Espíritos Puros do sistema solar, para decidir os destinos de nosso mundo em prol do início do Mundo de Regeneração, e ao destino da América, que será o centro da civilização e da cultura.

Como João viu as grandes guerras?

Ao ver as guerras mundiais, João descreve o barulho dos tanques e motores de avião na trombeta número 5: "Os gafanhotos tinham a aparência de cavalos preparados para a guerra. Tinham couraças como couraças de ferro, e o barulho de suas asas parecia o barulho de uma multidão de carros e cavalos correndo para o combate".

Ainda no primeiro "ai", ele observa: "E na sua cauda estava o poder de atormentar as pessoas durante cinco meses" (150 anos). Isso corresponde ao período entre 1900 e 2050, 150 anos de conflitos e ameaças de guerras no planeta, até a Terra iniciar um mundo regenerado e de paz.

Os trabalhadores da última hora

Um dia apocalíptico tem 360 anos, logo, 1 hora tem 15 anos. No domínio das trevas, a última hora foi de 1855 a 1870, e, nesses 15 anos, o espiritismo foi codificado. Talvez por isso os Espíritos refiram-se aos espíritas como "trabalhadores da última hora".

XXIV – O ESPIRITISMO E AS GRANDES TRANSIÇÕES

Fim da Transição
(2020-2050)

A Terra vive sua última fase nesta transição planetária, antes de se tornar um Mundo de Regeneração. Nesses 30 anos finais, os Espíritos Guias do planeta oferecem a oportunidade reencarnatória para que milhares de Espíritos se regenerem, como última chance. Eles continuam a limpeza da atmosfera espiritual, retirando da Terra Espíritos rebeldes, ao mesmo tempo em que recebem milhares de Espíritos vindos de outros mundos superiores (Alcione).

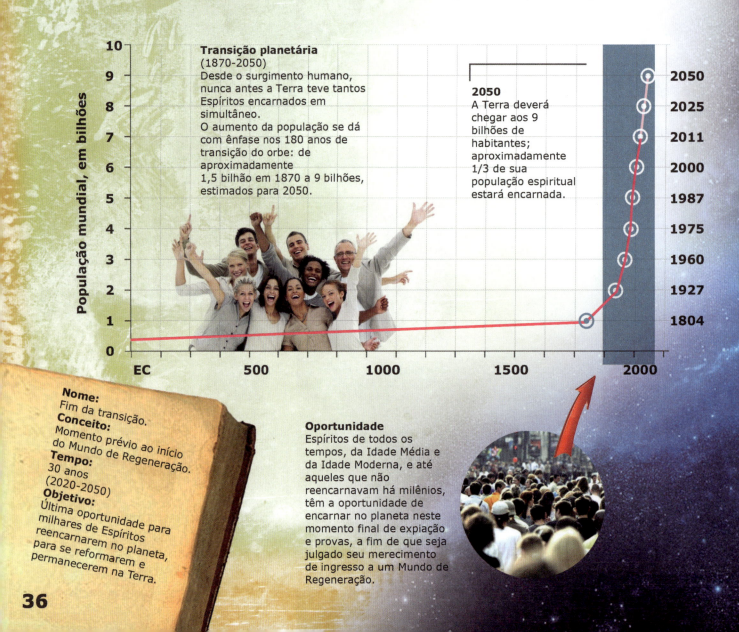

Transição planetária (1870-2050)
Desde o surgimento humano, nunca antes a Terra teve tantos Espíritos encarnados em simultâneo.
O aumento da população se dá com ênfase nos 180 anos de transição do orbe: de aproximadamente 1,5 bilhão em 1870 a 9 bilhões, estimados para 2050.

2050
A Terra deverá chegar aos 9 bilhões de habitantes; aproximadamente 1/3 de sua população espiritual estará encarnada.

Nome: Fim da transição.
Conceito: Momento prévio ao início do Mundo de Regeneração.
Tempo: 30 anos (2020-2050)
Objetivo: Última oportunidade para milhares de Espíritos reencarnarem no planeta, para se reformarem e permanecerem na Terra.

Oportunidade
Espíritos de todos os tempos, da Idade Média e da Idade Moderna, e até aqueles que não reencarnavam há milênios, têm a oportunidade de encarnar no planeta neste momento final de expiação e provas, a fim de que seja julgado seu merecimento de ingresso a um Mundo de Regeneração.

Espíritos de luz
Sábios da Terra, grandes filósofos, artistas, mestres de diversas áreas e gênios das ciências estão reencarnando para este momento brilhante de evolução do nosso orbe, prestes a ver o amanhecer de uma nova era.

Alcione
Pela mediunidade de Divaldo Franco, sabemos que Espíritos vindos da estrela Alcione, na Constelação das Plêiades, já vêm reencarnando desde os anos 1970, e na atualidade de forma mais acentuada.

Algum dia o bem governará a Terra?

Sim. A encarnação massiva de Espíritos com ideais nobres, com a chegada de outros vindos de planetas mais adiantados para reencarnarem juntos, propiciará um mundo com maior avanço científico e espiritual na humanidade. Lembremos a última pergunta de *O Livro dos Espíritos*: *1019. Poderá implantar-se na Terra o reinado do bem?*
"O bem reinará na Terra quando, entre os Espíritos que a vêm habitar, os bons predominarem, porque, então, farão que aí reinem o amor e a justiça, fonte do bem e da felicidade. Por meio do progresso moral e praticando as leis de Deus é que o homem atrairá para a Terra os bons Espíritos e dela afastará os maus. Estes não a deixarão senão quando daí estejam banidos o orgulho e o egoísmo."

Limpeza do planeta
Espíritos agressivos, pervertidos e que coloquem em risco a nova etapa do planeta estão sendo retirados e encaminhados a mundos mais atrasados.

Plêiades

Alcione é um sistema estelar na direção da Constelação de Touro, estando a 368 anos-luz de distância em relação à Terra. É membro das Plêiades, conhecidas também como "sete estrelas", que são um grupo de estrelas na Constelação de Touro.

37

A Nova Era

Pela lei do progresso, a Terra entrará em uma nova era mais luminosa. Essa nova fase tem sido anunciada pelos Espíritos Superiores durante séculos a diversos médiuns e profetas. Allan Kardec define a "Regeneração" como um mundo que marcará uma das fases principais da vida terrena, pois esses mundos servem de transição entre os Mundos de Expiação e de Provas e os Mundos Felizes. As almas encontram neles a calma e o repouso, e acabam por se depurar.

O Espírito Santo Agostinho
No livro *O Evangelho segundo o Espiritismo* afirma-se que em Regeneração a humanidade experimentará sensações e desejos, mas liberta das paixões desordenadas, isenta do orgulho, da inveja e do ódio. Em todos os lugares se verá escrita a palavra amor, e a perfeita equidade dominará a vida social. Nesse mundo, os homens reconhecerão Deus e tentarão caminhar para Ele, cumprindo Suas leis.

Edgard Cayce (1877-1945)
Famoso médium norte-americano que previu os tempos futuros, como a Primeira e a Segunda Guerras Mundiais, e também observou várias de suas vidas passadas, descrevendo uma no Egito e outra na Atlântida. Cayce teve uma visão do futuro em que se achava dentro de um objeto metálico em forma de charuto, sobrevoando a América no ano 2100. Diz ele: "Chegamos a uma enorme cidade. As casas são quase todas totalmente de vidro. Eu perguntei pelo nome da cidade, e eles disseram: 'Esta é a nova Nova York. A antiga cidade foi destruída. Nós a reconstruímos' [...]".

Os Espíritos Superiores
Os prolegômenos de *O Livro dos Espíritos* anunciam que chegaram os tempos marcados pela Providência para uma manifestação universal e que, sendo os Espíritos os ministros de Deus e os agentes de Sua vontade, têm por missão instruir e esclarecer os homens, abrindo uma nova era para a regeneração da humanidade.

Allan Kardec
No livro *A Gênese* afirma-se que são chegados os tempos, marcados por Deus, em que grandes acontecimentos vão se dar em prol da regeneração da humanidade, e que essa mudança ocorrerá em todos os lugares do planeta, mas não como catástrofes físicas, e sim no sentido do progresso moral, com a melhora espiritual da humanidade.

Nome: Nova Era.
Conceito: Tempo luminoso previsto por diversos médiuns.
Tempo: Após terminar a limpeza espiritual do orbe.
Médiuns: Desde Isaías, Daniel, João Evangelista, Nostradamus, os Espíritos Superiores a Allan Kardec, até Edgard Cayce, Chico Xavier e Divaldo Franco.

Apocalipse
João teve uma visão sobre o fim do Mundo de Expiação e de Provas e o início do de Regeneração. Ele viu um anjo poderoso vestido com uma nuvem. Sobre sua cabeça estava o arco-íris. Tinha na mão um livrinho aberto. Esse anjo colocou o pé direito sobre o mar e o esquerdo sobre a terra, gritando com voz forte: "Não haverá mais tempo!"
Nessa visão, explicou-se que, quando o anjo tocar a trombeta, vai se realizar o plano secreto de Deus anunciado aos seus servos, os profetas.

O bem e o mal
Em Regeneração o bem e o mal estarão no mesmo nível, e será a primeira vez na Terra em que as forças das trevas não superarão as da luz.

Médiuns espíritas falaram da Nova Era?

No programa de TV Pinga Fogo de 1971, perguntaram a Chico Xavier sobre a Nova Era, e ele respondeu: "Nós estamos no limiar de tempos novos em que a Ciência descortinará para nós todos um futuro imenso diante do Universo. Então, será necessário esperar que a Ciência possa compreender e interpretar para nós outros, os filhos da Terra, a vida em outras dimensões, outros campos vibratórios".

Os livros do médium Divaldo Franco, *Transição planetária* e *Amanhecer de uma nova era*, descrevem a chegada de Espíritos de Alcione para o início de uma nova era.

Profecias

Desde Isaías até Nostradamus, profetas têm previsto a chegada de uma nova era. A Daniel foram revelados sete dias, ou sete tempos, para a humanidade dar fim aos erros, expiar o mal e trazer para a Terra, a justiça eterna.

A nova humanidade

As novas crianças de Regeneração, além de virem com sentimentos tocados pelo bem, possuirão corpos e perispíritos mais aperfeiçoados, sendo despertadas nelas as faculdades psíquicas e mediúnicas, resultando assim em melhor percepção das dimensões espirituais. A nova humanidade, com a reencarnação de Espíritos de outros planetas, formará a sexta raça terrena e mudará para sempre o destino luminoso da Terra.

Automação
Para Emmanuel, com a automação vamos ser aliviados ou quase aposentados do trabalho mais rude no trato com o planeta, em prol da educação de nossa vida mental, tirando assim enorme proveito das informações sobre o Universo, proveito esse incalculável também para o benefício da humanidade.

Extraterrenos
Com a reencarnação na Terra de Espíritos de outros planetas mais luminosos, como de Alcione, a humanidade terá dado um gigantesco passo rumo à sua regeneração. A tecnologia, a arte, os valores, a ciência e a filosofia estarão banhados finalmente, pelo sentimento do amor.

Religião do Amor
Segundo Chico Xavier, em Regeneração, o homem estará ligado à glória da Religião cósmica, da religião do amor e da sabedoria, que o cristianismo renascente, no espiritismo de hoje, edificará para a humanidade, ajustando-a ao concerto de bênçãos que o grande porvir nos reserva.

2080
A Terra terá sua primeira geração de Mundo de Regeneração. Daí em diante, com a mediunidade mais comum e a tecnologia avançada, o contato com o mundo espiritual será maior, inclusive por meio de aparelhos eletrônicos (transcomunicação instrumental), captando imagens e áudios do Além com melhor qualidade.

Misericórdia
A geração futura virá com sentimento de caridade máxima para com aqueles que sofrem. Amará todos os seres da natureza, cuidando deles e preservando-os; não os matará nem se alimentará deles, ao ter despertado esse novo sentimento e encontrado outros meios proteicos para substituí-los, mantendo assim uma alimentação saudável.

Nome:
A nova humanidade.
Conceito:
Sexta raça do planeta, mais espiritualizada e tocada pelo sentimento do bem.
Tempo:
Próximos 28 mil anos.
Observações:
Aperfeiçoamento dos corpos, despertamento da mediunidade, aumento do intelecto e da espiritualidade, necessidade de iluminação interior.

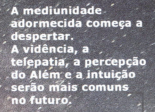

A mediunidade adormecida começa a despertar.
A vidência, a telepatia, a percepção do Além e a intuição serão mais comuns no futuro.

A regeneração da humanidade não exige absolutamente a renovação integral dos Espíritos; basta uma modificação em suas disposições morais.

Allan Kardec falou dessa geração nova?

Sim. Ele disse que, para que na Terra sejam felizes os homens, é preciso que somente a povoem Espíritos bons, encarnados e desencarnados, que somente ao bem se dediquem. Havendo chegado o tempo, grande emigração se verificará dos que a habitam: os que praticam o mal pelo mal, ainda não tocados pelo sentimento do bem, e que não são dignos do planeta transformado, serão excluídos, porque ocasionariam de novo perturbação e prejudicariam o progresso.
Espíritos melhores os substituirão, permitindo que reinem a justiça, a paz e a fraternidade.

Vida plena
Consciência tranquila, coração pacificado e dever cumprido, serão os ideais a serem seguidos.

Iluminação interior
Os corações buscam Jesus. A busca da autoiluminação e o domínio das paixões serão atitudes constantes nas gerações regeneradas.

Manoel Philomeno de Miranda

Afirma que Espíritos de Alcione, antes de reencarnarem na Terra, encontram-se em colônias espirituais próximas, assimilando o psiquismo do orbe, assim como de seus habitantes, e visitando centros espíritas que mantêm ligação com as Esferas Superiores.

Regeneração

A Terra deve iniciar essa nova fase em meados do século XXI, e ela deve durar pelos próximos 28 mil anos, até uma nova transição planetária. O início da sexta raça, com gerações mais espiritualizadas, conhecimentos luminosos e corpos espirituais (perispírito) mais aperfeiçoados, permitirá avanços nunca vistos antes.

A volta de Jesus
Com o Evangelho no coração das pessoas, vivendo a humildade e a caridade, Jesus terá voltado finalmente. Seu reino esperado terá chegado, e os homens se reconhecerão finalmente como irmãos.

Regeneração
Artes, esportes, política, alimentação, educação e todas as áreas do conhecimento humano mudarão com a humanidade regenerada, em busca de sua iluminação.

O Evangelho
Os corações, após milênios de lutas e guerras, cansados de sofrer, começarão a buscar Jesus.
O Evangelho de amor não será visto apenas como um ideal religioso, mas sim como uma necessidade de convívio entre os povos.

A revelação de Moisés
Não mentir, não roubar e não matar. Emfim a humanidade terá aprendido as noções básicas de convivência universal, reveladas há três milênios a Moisés. Os povos gerarão líderes políticos dignos e sinceros. As pessoas, não se matando nem se autoagredindo, criarão leis pela preservação da vida e de todos os seres da natureza.
A humanidade verá como algo distante as práticas de suicídio, eutanásia, guerras, aborto, vícios, consumo de drogas lícitas e ilícitas, violência e atividades que coloquem em risco a vida e a integridade dos corpos.

Advertência
Emmanuel avisa que nos encontramos no limiar de uma era extraordinária se nos mostrarmos capacitados coletivamente a recebê-la com a devida dignidade. Se os países mais cultos do globo não entrarem em choques destrutivos, como uma guerra de extermínio, então veremos uma era extraordinariamente maravilhosa para o homem.

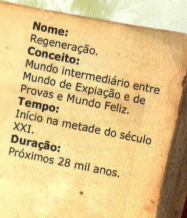

Nome: Regeneração.
Conceito: Mundo intermediário entre Mundo de Expiação e de Provas e Mundo Feliz.
Tempo: Início na metade do século XXI.
Duração: Próximos 28 mil anos.

Outros planetas
Com a Terra depurada, ingressando na ordem dos mundos regenerados, o contato com seres de outros planetas será uma realidade. A conquista de outros orbes em viagens interplanetárias e o avanço das ciências, ajudarão na melhor compreensão da medicina e da saúde humana.

Chico Xavier
Chico Xavier, em 1971, no programa *Pinga Fogo*, afirmou: "Se não entrarmos numa guerra de extermínio nos próximos 50 anos, então nós podemos esperar realizações extraordinárias da ciência humana partindo da Lua".

Modelo e guia
A vida de Jesus será reconhecida como modelo a ser seguido, e suas lições, como guia de conduta.

O terceiro milênio promete-nos maravilhas se o homem, filho e herdeiro de Deus, mostrar-se digno dessas concessões. Senão, vamos ter de aguentar, nós todos, o recomeço do zero, ou de quase zero.

Quando terá início o Mundo de Regeneração?

No livro *Brasil, coração do mundo, pátria do Evangelho*, o Espírito Humberto de Campos conta que o anjo Ismael reuniu no espaço seus dedicados companheiros de luta e disse: "[O Mundo de Regeneração] vai ser assinalado pelo advento do Consolador à face da Terra (1857). Nestes cem anos se efetuarão os grandes movimentos preparatórios dos outros cem anos que hão de vir".

Isso marca 200 anos após a chegada do espiritismo à Terra, aproximadamente no ano 2057.

No livro *Plantão de respostas*, volume II, Chico Xavier diz: "Emmanuel afirma que a Terra será um mundo regenerado por volta de 2057".

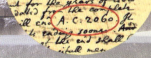

Isaac Newton
O físico britânico, descobridor da lei da gravidade, previu o fim do ciclo. Entre os manuscritos do cientista, há um no qual tenta calcular o fim do mundo segundo o livro do profeta Daniel, no Antigo Testamento, em comparação com o Apocalipse de João, chegando à conclusão de que ele acontecerá no ano 2060. Cuidadoso, o físico escreveu que não era possível ter cem por cento de certeza a esse respeito.

Cidades do futuro
As pesquisas espaciais devem ser consideradas de máxima importância para o progresso futuro.
Para Chico Xavier, é possível que o homem construa na Lua cidades de vidro, cidades-estufas, onde cientistas possam estabelecer pontos de apoio para a observação de nossa galáxia.

Mundo Feliz

A união pacífica de famílias de diversas crenças, vistas nos parques temáticos, são exemplos do que deverá ser o Mundo de Regeneração. Ao final desse período, a Terra será um Mundo Feliz, onde o bem reinará sobre o mal.

Espiritismo fácil
Entenda o espiritismo com poucos minutos de leitura. Podemos lembrar de vidas passadas? Existe a vida em outros planetas? Nos sonhos podemos ver o futuro? Como é a vida depois da morte? Onde está escrita a lei de Deus? Quais são as preces mais poderosas? Como afastar os maus Espíritos? Quem foi Chico Xavier? E Allan Kardec?

Reencarnação fácil
Existe a reencarnação? Quem eu fui em outra vida? Por que não nos lembramos do passado? Quantas vezes reencarnamos? Posso reencarnar como animal? A reencarnação está comprovada? Jesus falou que reencarnamos? O que é *karma*? Como explicar crianças com deficiências e crianças que são gênios? Podemos reencarnar em outros planetas? Até quando reencarnamos?

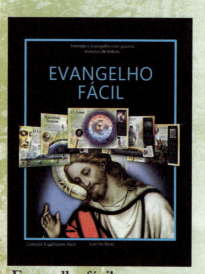   

Evangelho fácil
O que é o Evangelho? O que ele ensina? Como o Evangelho pode melhorar minha vida? Quem são os Espíritos Puros? O que é o "reino dos céus"? Qual é a relação entre Cristo e espiritismo? Podemos ser anjos? Qual é a importância do amor, humildade e caridade? Quem é a "Besta do Apocalipse"? Quem foi Jesus? E quanto a Krishna, Buda, Sócrates, Confúcio?

Transição fácil
O que é a transição planetária? Qual é o futuro da Terra? Em 2050, inicia-se o mundo de regeneração? Chegarão seres de outros planetas? O estudo e o mapeamento da revelação de Chico Xavier, as profecias de Daniel e o Apocalipse de João Evangelista podem responder a essas perguntas. 10 anos de pesquisa de Luis Hu Rivas, tudo em infográficos e mapas.

Mais informações sobre o autor:

www.luishu.com